CB049854

Sérgio Avancine

céu
cerrado
cidade

Poemas para Brasília
volume II

escrituras
São Paulo, 2017

Copyright do texto ©2017 Sérgio Avancine
Copyright da edição ©2017 Escrituras Editora

Todos os direitos desta edição reservados à
Escrituras Editora e Distribuidora de Livros Ltda.
Rua Maestro Callia, 123 – Vila Mariana – São Paulo – SP – 04012-100
Tel.: (11) 5904-4499 / Fax: (11) 5904-4495
escrituras@escrituras.com.br
www.escrituras.com.br

Diretor editorial: **Raimundo Gadelha**
Coordenação editorial: **Mariana Cardoso**
Assistente editorial: **Karen Suguira**
Capa, projeto gráfico e diagramação: **Guilherme V. S. Ribeiro**
Impressão: **Mundial Gráfica**

Dados Internacionais de Catalogação na Publicação (CIP)
(Câmara Brasileira do Livro, SP, Brasil)

Avancine, Sérgio
  Céu/ cerrado/ cidade: poemas para Brasília,
volume II / Sérgio Avancine. – São Paulo:
Escrituras Editora, 2017.

  ISBN 978-85-7531-739-6

  1. Poesia brasileira I. Título.

17-00710   CDD-869.1

Índices para catálogo sistemático:
1. Poesia: Literatura brasileira   869.1

Impresso no Brasil
Printed in Brazil

Para Gabi Ries, paulistana, alma de mãe, de filha. E de artista.

Para Ricardo, Flávia, Marina e João, família amiga brasiliense.

SUMÁRIO

Parte I: céu

brasília 11
1º mandamento 12
paraíso 13
vinheta 14
mirante 15
livro de ponto 16
translação 17
cora coralina 18
c(oe)rente 19
celestinário 20
12/06 21
fins de outono 22
hino do inverno 23
virgulino f. da silva 24
sonolento 25
pílula 26
lampejo 27
meia ponte / rio das almas 28
windows 29
pôr do sol 30
prancheta 31
solidão 32
função lunar 33
lua cheia 34
luau 35
sombra 36
revolução silenciosa 37
zero hora 38

mudança 39
l'esprit nouveau 40
tarantela 41
happy hour 42
quem é quem 43
l'étoile c'est moi 44
titularidade 45

Parte II: cerrado

cateter 49
1957 50
lacerdinha 51
falso brilhante 52
parque da cidade 53
mi(ni)stérios 54
themis 55
provedor 56
saudade 57
são joão 58
tordesilhas 59
fé 60
dose dupla 61
pluviometria 62
setor 63
plasticidade 64
dia da criança 65
tonicidade 66
chuva no plano 67
hidrografia 68
formosa 69
charada 70
goyáz 71

auto da torre 72
dança dos cisnes 74
reflexiva 75
fugaz 76
curto-circuito 77
língua do t 78
as(inh)as 79
composto simples 80
periscópio 81
bosque 82
brazlândia 83
gula 84
em (plan)alto e bom som 85

Parte III: cidade

lavoura haikaica 89
sag(rad)a 90
razões de jk 91
caterpillar 92
avós do brasil 93
21 de abril de 1960 94
julho de 1970 95
civil 96
democracia 97
eixo 98
a(.) bulcão 99
teatro nacional 1º at(h)o(s) 100
peretti / ceschiatti 101
nossa senhora de fátima 102
ressurreta 103
torre 104
torres 105

vazado 106
p&b 107
N1 x W3 108
xis da questão 109
SES 110
inculta e bela 111
paroxítonas em ditongo crescente 112
thomas jefferson 113
batalha 114
saltimbanco 115
cíclopes 116
bucólico 117
delight 118
arte 119
supersubsolo 120
(vist)as capitais 121
jk 122
século xxi 123
bsb 124
po(e)tência 125

Agradecimentos 126
Sobre o autor 127

Parte I: céu

brasília*

deus do céu!
que céu nos deu!

---

* Publicado originalmente em *Lua e meia*, Editora Arte Paubrasil.

Sérgio Avancine

1º mandamento

olhar aos céus sobre todas as coisas

paraíso

deus

no alto da torre de tv

diz à outra pessoa:

meu filho

um dia tudo isso será céu

vinheta

na torre de tv:

"crepúsculo

cadê você?

eu vim aqui só pra te ver!"

mirante

enjoying the sunset
turistas de muitas terras
no alto da torre
encarapitados

playmobils iluminados

livro de ponto

nem é preciso busca

por um céu de *selfie*

pro meu *facebook*

translação

                    sol e chuviscos se alternam

vem outro outono

é o pêndulo

eterno

cora coralina

semana santa

mas não sei se sabe o céu

de todo modo
(ciência? coincidência?)
no pôr do sol da quarta-feira
passa a própria procissão do fogaréu

c(oe)rente

sexta santa

céu só cinza

Sérgio Avancine

celestinário

em maio abriu

céu cerrado cidade

12/06

18 hs

horizonte

tons de rosa

avermelhados

tão dia dos namorados...

fins de outono

acordo

abro a cortina

e repito a pergunta matutina:

        cadê as nuvens que estavam aqui?

hino do inverno

o samba de uma nota sol

virgulino f. da silva

num céu de brigadeiro...
                                        a lua!

                    em chapéu de couro
                            à lampião

                hoje
quem coroa o dia é o capitão!

sonolento*

sob o sol

lentamente

mente lenta

sou somente sono

---

* Publicado originalmente em *Poemas soltos*, edição do autor.

Sérgio Avancine

pílula

empurrado terra abaixo

desce o sol

comprimido

...que encomprida a vida

céu cerrado cidade

lampejo

no último minuto do segundo tempo

pela primeira vez clareia o jogo

bobeia a barreira de nuvens

e a bola entra

em fogo

Sérgio Avancine

meia ponte / rio das almas

momentos finais do clássico goiano
céu x sol
renhida luta

cai o último cristão
morre o derradeiro mouro

já não há bronze / prata / ouro
é tudo um fratricida luto

windows

fim de tarde

quase escuro

                                                  no horizonte

                                        a última aquarela

                                  puro descanso de tela

Sérgio Avancine

pôr do sol

                                                            tonto

tento tinta para tanto tom

prancheta

mal desce o sol de um lado

                e já aparece a lua em outro

            que bem seria caso de perguntar:
        habitamos nós um planeta piloto?

solidão[*]

luz da lua sobre a cama

é só dela meu quarto

minguante

---
[*] Publicado originalmente em *Lua e meia*, Editora Arte Paubrasil.

função lunar*

mais hora menos hora
com ou sem véu
toda noite ela insiste
e volta ao céu

só pra lembrar-nos de que o amor existe

(obrigado senhora!)

---
* Publicado originalmente em *Lua e meia*, Editora Arte Paubrasil.

lua cheia*

públicos / secretos

mansos / aflitos

jovens / maduros

breves / infinitos

numa só medalha de prata
quantos amores inscritos?

---

* Publicado originalmente em *Lua e meia*, Editora Arte Paubrasil.

luau

noite de superlua

eixo monumental

nas janelas do brasil 21

multirrefletida

ela

ultraquerida

um lual

sombra*

lua cheia nasce

meia lua vemos

a que perdemos

oculta faz-se

perdoemos:

nem todo mundo oferece a outra face

---

* Publicado originalmente em *Lua e meia*, Editora Arte Paubrasil.

revolução silenciosa*

uma estrela risca o céu

arisca / parece trisca na lua

rompe o véu da via láctea

pisca

desaparece da vista

arrisca

faz seu mundo

muda

---
* Publicado originalmente em *Poemas soltos*, edição do autor.

Sérgio Avancine

zero hora*

de longe
calado

      um raio

         racha

           a noite

              ao meio

                    é meia noite

                    pra cada lado

---

* Publicado originalmente em *Lua e meia*, Editora Arte Paubrasil.

mudança

móveis e móveis arrastados no apê de são pedro

por que ess'água toda não cai lá em são paulo?

Sérgio Avancine

l'esprit nouveau

— aqui há invenção!
diria le corbusier
visse esse sol
a cada dia
nascer

tarantela

desperta-me mário garófalo

com seus sons de *big band*

                                            o sol do sábado

                                                   lá fora

                                       a explodir em *big bang*

Sérgio Avancine

happy hour

o sol

insone

a m'incendiar o olho

quem é quem

chega de intermediários!

eu quero o *ceo* dos céus!

Sérgio Avancine

*l'étoile c'est moi**

ao léu seo galileu

estou no centro do sistema

não me ofusca o sol

céus e terra tremam!

* Publicado originalmente em *Poemas soltos*, edição do autor.

céu cerrado cidade

titularidade

um céu só pra chamar de seu

Parte II: cerrado

cateter

mergulho

de cabeça

no coração do brasil

Sérgio Avancine

1957

1 pá de pó

½ lata de letras

versos vermelhos

lacerdinha

legítimo fruto do tempo invernal

o vento vermelho vem do chão

e sobe em rápida espiral

no meio da poeira

jotacá tosse

memorial

falso brilhante

paira
na superfície do lago
algo como algodão-doce
gigante

é de encher os olhos logo cedo

e daria muit'água na boca
não fosse
de dia estiado
prenúncio bastante

parque da cidade

aos pés do ipê

elevo as mãos

um amarelo ouro

intenso

em céu azul de seca

imenso!

Sérgio Avancine

mi(ni)stérios

                          só a grama rala da estiagem

e dinossauros na esplanada

themis

                    há hora na três poderes
                    em que só o sol governa

inexiste planalto
congresso ou stf

                    vem tal luz nos olhos
                    que jamais s'esquece

Sérgio Avancine

provedor

                        um calor que assola

e só as sombras de três mastros

sem bandeira

saudade

faz meses a chuva não molha brasília

que chora um paranoá

Sérgio Avancine

são joão

olha a chuva!

é mentira!!

tordesilhas

fresca brisa do leste

me vejo em guarapari

eu no guarda-sol
e o oceano
ali

Sérgio Avancine

fé

pra evitar chuva de pleitos
o criador manda garoa

mata no peito
tipo plano pilatos

dose dupla

sei que é chover no molhado

mas...

garoa na fonte da torre não é pleonasmo?

Sérgio Avancine

pluviometria

mais um chuveirinho na área

insistente

tipo gama x brasiliense

céu cerrado cidade

setor

no plano

chuva localizada

sempre a lógica preservada

Sérgio Avancine

plasticidade

ventania no congresso

e um guarda-chuva
varetas vencidas
vira do avesso

convexo

céu cerrado cidade

dia da criança

ameaçador

o tempo ruge

mas

brincante

                                        vai chover é lá adiante

Sérgio Avancine

tonicidade

      decidida a pôr os pingos nos is

          a chuva invade planaltina

instala-se em sobradinho

e irrompe em brasília
(com direito a raios)

chuva no plano

a língua de lúcio lambe

lambe

lambe a cria

limpa-lhe o sangue

de alto a baixo

                                          é a cara do pai

                                              (eu acho)

Sérgio Avancine

hidrografia

da chuva sobre o df

mais da metade vai ao paranoá

bacia do paraná

                                                do que sobra

                          quase tudo desce (sobe) a goiás

                                      tocantins ou pará

passada a régua

pro velho chico resta um fio d'água

um corgo

intermitente

que

fi'o d'uma égua

é valente!

formosa

de perto do céu
o salto da santa
ensandecida

                    pura
              branco véu

                            tanta água descida
                          que até a pedra dura
                                ensurdecida
                                    murmura:
                              o itiquira me pira

Sérgio Avancine

charada*

sempre em par quando no ar flagrada
outra havendo se ao contrário grafada

cor viva
alegria na mata
do cocar a pena preferida

de grande porte
cauda longa
e bico muito forte

onomatopaica
se solicitada repete a chamada

---

* Publicado originalmente em *Poemas soltos*, edição do autor.

Resposta da charada: Arara.

céu cerrado cidade

goyáz

ava-canoeiros

caiapós

xavantes

carajás

sobre os chacras

os crachás

Sérgio Avancine

auto da torre

da torre da televisão
eu tomo o pulso do brasil
sinto o calor do jalapão
avisto o mar de cabo frio

                        mergulho em copacabana
                            surfo na foz do iguaçú
                            subo a feira de santana
                                desço a de caruaru

oro a santa catarina
imploro a todos os santos
que proteja teresina
supervisiono os quatro cantos!

                        paquero as minas gerais
                        namoro a mãe (mantiqueira)
                              fico noivo em goiás
                                caso em ilha solteira

céu cerrado cidade

proa da praia do forte
voo abaixo de juazeiro
já juazeiro do norte
fica acima de salgueiro

      índios em aquidauana
      deutsch aus blumenau
      gringos *in* americana
      tutti oriundi a pinhal

localizo bom retiro
perco foco de uberlândia
em volta redonda giro
retorno a candangolândia

      pois na torre de brasília
      coração da capital
      sou o faroleiro da ilha
      seu olheiro federal!

Sérgio Avancine

dança dos cisnes

o balé das águas da fonte da torre...
                                                me leva ao baile
                                                m'embala a noite
me lava a alma
me põe de porre

reflexiva

22h10

a massa d'água descansa

e

(mansa)

desafia:

que dizer sobre nada mais que um dia?

Sérgio Avancine

fugaz

um pássaro

trisca/trinca

o espelho d'água

curto-circuito

um'algazarra de pássaros
a eletrificar minha cama

eu curto

Sérgio Avancine

língua do t

ma(r)itacas

eternamente

a matraquear

as(inh)as

par de ma(r)itacas dá pega em gaviãozinho

de modo a ele vo(lt)ar pra casa
se afastar do ninho

Sérgio Avancine

composto simples

quero-queros querem!

periscópio

eixo monumental

setor de grama sem pisoteio sul

quadra buraco das corujas

toda a família ao sol

pescoços 360°:

— nunca deixem por menos!

— nunca deixem por menos!

há quem aproveite mais brasília?

Sérgio Avancine

bosque

trecho de ciclovia

forrado de algodão

branco

o p(l)ano é paina

brazlândia

do que nos deu o sol(o) candango
a maior surpresa é de calar a boca

pois nela espoca um bom morango

Sérgio Avancine

gula

perdoai senhor

não resisti

pequ(e)i

em (plan)alto e bom som

medida nada provisória

a (loqua)cidade

um planalto-falante

Parte III: cidade

lavoura haikaica

tiro leite do asfalto

preto no branco

Sérgio Avancine

sag(rad)a

                              desconsidero
                                de plano
                          a platitude de sonhos

quero é a cruls
a cruz de costa
bernardo sayão

com prévia
sempre
nos desafortunados primevos donos do chão

razões de jk

brasília para o brasil está

como a pampulha pra bh

Sérgio Avancine

caterpillar

DE: urbanista/arquiteto

PARA: topógrafo/engenheiro

p/ providências

segue o *puzzle* piloto

avós do brasil

no fascínio pela coluna armada

a façanha do/da alvorada

Sérgio Avancine

21 de abril de 1960

aqueles caras todos de fraque e cartola...

brasília bate bem da bola?

julho de 1970

adolescente

desembarco das vinte horas de trem

no eixo

um verde-e-amarelo insistente

a me exigir

de pronto:

amo ou deixo?

Sérgio Avancine

civil

3 décadas após o fim da ditadura

na esplanada dos ministérios

dos 17 blocos ministeriais

4 ainda são militares

onde já se viu?

democracia

a *polis*

nos pilotis

do plano piloto

Sérgio Avancine

eixo

                                                fora do (p)rumo

meu plano

pileque

céu cerrado cidade

a(.) bulcão

o eixo W

o eixo L

a asa norte

a asa sul

o azulejo branco

o azulejo azul

Sérgio Avancine

teatro nacional 1º at(h)o(s)

lá do lado

lúdicos cubos gélidos

logo

blocos lógicos:

lego

peretti / ceschiatti

catedral

túnel de acesso

já embaixo

findo o piso de borracha

a divisa do df

com o estado de...

                                                            graça

Sérgio Avancine

nossa senhora de fátima

aquele chapéu de freira

só mesmo da cartola do oscar

ressurreta

a nave de volpi (da bandeirinha)

agora galeno (da pipa) alegra

pop

o sempre vento em popa da igrejinha

Sérgio Avancine

torre

de onde eu olhe

é o colosso de lúcio

que me cai no colo

torres

  nem de muito longe todo mundo é igual

lúcio costa é analógico

                    niemeyer digital

Sérgio Avancine

vazado

em negativo ao brasil 21...

                                                  já sem qualquer porta ou janela

                                                        ruína por todo lado

                                                   o brasília torre palace

                                                                hoje

                                                        é passado

                                                        é favela

p&b

embora ande agora um tanto esmaecida

a faixa de pedestres inda dá sinal de vida

N1 x W3

serpenteio no pacotão

confete

serpentina

cerveja

irreverência

esquina!

alguma coisa acontece no meu coração...

xis da questão

                                                ela lá no lado L
eu aqui no eixo W

                    na hora H

                é consoante JK?

SES

com tal vista para o lago...

há uma gota de *brandy* em cada poema

inculta e bela

berço carioca

sotaque goiano

vernáculo mineiro [*park wáy*(?)]...

                                              o português do df

                                         [última flor do lúcio(?)]

                                          é o esperanto brasileiro

Sérgio Avancine

paroxítonas em ditongo crescente

cássia

zélia

oléria

th(re)e candango voices

céu cerrado cidade

thomas jefferson

é gente que *jazz*

Sérgio Avancine

batalha

pinta no repente um *rap*

que a cada (super)quadra

moduladamente

se repete

saltimbanco

magnético

o som do sax seduz a torre

(ela que é toda nervos de aço! csn!)

atraindo moedas para a caixa do metal

Sérgio Avancine

cíclopes

prezado/a ciclista

caro/a da corrida

estimado/a caminhante

cada um em seu domínio

gigante

meu domingo tece

querido/a

tks!

bucólico

do palco-auditório no conjunto nacional
o piano ao cair da noite

a voz de veludo

ao vivo
tudo

um hino!

                    ... só falta o ronco do avião do juscelino

Sérgio Avancine

delight

like the lights of the nightbikes

arte

brasília é um avião...

                                      é um arco e flecha...

as asas são bumerangue...

                                                etc.

              obra abre
              não fecha

Sérgio Avancine

supersubsolo

o urbanista

arquidiscreto

e sua hipermaquete

papai coruja

(buraqueira)

(vist)as capitais

não é o que se vê da cidade alta / salvador

muito menos a mirada do cristo redentor / rj

mas a ermida d. bosco também vale um dia

... é como se o paranoá tivesse sua baía

Sérgio Avancine

jk

milagreiro
o "50 anos em 5"
por quase meio século
fez é sangrar o rio de janeiro

século xxi

jk fez/terminou brasília em 5 anos

e foram 10 para um terminal no jk

Sérgio Avancine

bsb

do avião

olho a mancha urbana

é óleo sobre água

sem solução

po(e)tência

deem-me uma redoma

qu'eu devolvo (brasília)²

AGRADECIMENTOS

A Emilia Simões, sempre primeira leitura em nossa morada brasiliense. Beijos!

Outra atenção, esta em São Paulo, foi de Laura Avancine. Grato, menina!

SOBRE O AUTOR

Morou por anos no Eixo Monumental. Pela janela não faltaram inspiradores *Pow(d)erPoints*.

Fazia natação na cobertura do prédio. Foram aquarelas para quem é de Peixes.

Pedestre, a caminho do trabalho colheu cenas e sons. Amadureceu-os para os fins de semana.

Frequentava o CCBB, Museu Nacional, *shows* na Esplanada, de tudo um pouco da vida *cult* do Distrito Federal.

Publicou anteriormente *Poemas soltos* (2006) e *Lua e meia* (2012, Editora Arte Paubrasil).

TV Senado (programa Leituras), *Correio Braziliense* e Rádio Nacional também já entrevistaram o autor.

Sérgio Avancine é fã de Paulo Leminski. Em Brasília, aprecia a poesia de Nicolas Behr.

É de São Paulo.

E-mail: sergioavancine@uol.com.br

Impresso em São Paulo, SP, em fevereiro de 2017,
com miolo em off-white 80 g/m², nas oficinas da Mundial Gráfica.
Composto em Cambria, corpo 16 pt.

Não encontrando esta obra em livrarias,
solicite-a diretamente à editora.

Escrituras Editora e Distribuidora de Livros Ltda.
Rua Maestro Callia, 123 – Vila Mariana – São Paulo, SP – 04012-100
Tel.: (11) 5904-4499 – Fax: (11) 5904-4495
escrituras@escrituras.com.br
vendas@escrituras.com.br
www.escrituras.com.br